소리 · 열아홉

바른 견해란 무엇인가

- 정견正見 -

말한이 활 성 | 엮은이 김 용 호

고요한소리

일러두기

* 이 책은 활성 스님께서 1991년 11월 9일 서울 법회, 2007년 10월 14일 역경원 법회, 2007년 11월 11일 역경원 법회에서 하신 말씀을 중심으로 김용호 박사가 엮어 정리하였다.

차 례

부처님 법으로 세상 보기

　요즈음 저를 찾아오는 분들마다 '이 세상이 너무 어수선한데, 왜 이리 어렵고, 앞으로는 어찌 되겠습니까?'라는 질문을 합니다. 누가 자세히 알겠습니까만 산중에서 세속사 멀리하고 살다 보니 오히려 세상을 조금 관조할 수 있습니다. 물건 하나 보더라도 어느 정도 거리를 두어야 잘 보이지 너무 가까이서 보면 잘 안 보입니다. 앞의 질문은 우리에게 부닥친 현상을 상식적인 정보나 지식의 눈으로 대하고 또 너무 가까이서 보기 때문에 나온 것이라고 봅니다. 저로서는 거리를 두고 다만 부처님 법에 의지하여 세상을 바라보는 입장에서 말씀드려 보겠습니다.

바른 견해는 사성제를 아는 것이다

세상에 어떤 변화의 물결이 밀려오면 일단 그 변화에 매몰되지 않는 것이 제일 중요합니다. 상황에 매몰되기 시작하면 아무것도 보이지 않습니다. 현상의 극단적이고 첨예한 모습들만 자꾸 눈에 띄고 머릿속에 각인됩니다. 그렇게 되어버리면 사물을 관조하는 것이 도저히 불가능해서 현상이나 현실에 압도당하기 마련입니다. 아무것도 보이지 않지요.

예컨대 한국에서는 산업화가 하도 빨리 진행되다 보니까, '노력은 많이 했는데 과연 이것이 올바른 방향으로 질주해 온 것인가?' 하고 돌아보기가 쉽지 않습니다. 과연 한국이 지난 수십 년 근대화 과정에서 올바른 방향을 선택해서 제대로 달려온 것인가? 그 판단

이 잘 서지 않으니까 현실에 적당히 타협하면서 넘어가려 합니다. 그렇다고 앞으로 세월이 더 지난다 하여 정말 우리 자신을 얼마나 냉철하게 돌아볼 수 있겠습니까? 그럴 보장이 없습니다. 거리를 두고 세상을 보지 않기 때문입니다.

하물며 우리가 하고 있는 수행 공부는 더욱 그렇습니다. 몇십 년을 어디서 수행했다는 것이 중요하지 않습니다. 수행 방향을 잘못 잡으면 오히려 안 한 것보다 못합니다. 그런 점에서 바른 견해가 얼마나 중요한 것인지는 아무리 강조해도 지나치지 않습니다. 그것은 부처님이 바른 견해, 정견正見을 팔정도八正道의 제일 첫머리에 놓으신 것을 보아도 알 수 있습니다. 요컨대 바른 견해가 없는 수행은 잘못된 길을 가는 것과 같습니다. 게다가 빠른 속도로 잘못된 길을 달려가면 나중에 되돌아오기에는 얼마나 많은 세월이 걸릴지 모릅니다. 빨리 가느냐가 중요한 게 아니고, 설혹 지체되어도 바른길을 제대로 가는 것이 중요합니다. 따라서 멈칫거리더라도 '과연 내가 이 길을 가는 것이 옳은가?'에 대한 점검이 반드시 필요합니다.

급할수록 오히려 여유를 가지고 한 걸음 척 물러앉아야 합니다. 그리고 나서 '정말 이 길을 가야 할 것인가? 어떻게 가야 할 것인가? 부처님은 무슨 말씀을 하셨는가? 부처님 말씀과 내가 생각하는 것이 합치되는가?' 두 번 세 번 돌아보고 자신을 점검해야 합니다. 그렇게 점검하는 기준은 팔정도입니다. 팔정도의 여덟 항목은 수행의 길에 어느 하나도 놓쳐서는 안 됩니다. 바른 견해가 공부 방향을 결정합니다. 속도보다 방향이 중요합니다.

바른 견해, 정견이란 무엇인가? 바른 견해에는 바른 방향이 전제됩니다. 부처님 법에 기초해 세상을 바르게 이해할 뿐 아니라, 수행 방향을 포함한 우리 삶의 방향에 대해 바른 견해를 갖는 것입니다. 경에서 말하는 정견, 바른 견해에 대한 정의는 한 마디로 '사성제에 대한 올바른 이해'입니다. 사성제四聖諦는 고성제苦聖諦, 집성제集聖諦, 멸성제滅聖諦, 도성제道聖諦입니다. 그 첫 번째인 고성제는 요컨대 '우리가 행복이라고 생각하는 것도 착각일 뿐, 실제는 고苦다.'라는 겁니다. 우리 삶에서 경험하는 온갖 현상이 모두 고라는 것이 사성제의 출발입니다.

우리가 호시절이라고 하든, 고통스러운 시절이라고 하든, 모두 구조적으로 겪고 있는 고苦라는 겁니다. 부처님의 눈으로 보면 세상이 고라는 사실은 조금도 변하지 않는 진리입니다. 왜 그런가?

　모든 현상은 일회적인 인과因果가 아니라 십이연기
十二緣起로 설명되는 과정으로서 고苦가 구조적으로 나
타나는 것입니다. 우리가 경험하는 모든 현상은 연기
법緣起法의 원리를 따릅니다. 일체 고의 원인이 십이연
기의 작용이며 그것이 바로 집성제입니다. 세상만사 일
체 현상은 반드시 원인이 있기 때문입니다.

　그다음 멸성제는 '바르게 노력하면 집성제에서 드러
난 연기緣起의 과정이 멈추어진다, 고가 끝날 수 있다.'
는 것입니다. '고를 멸할 수 있다.'는 부처님의 선언에서
부터 불교가 시작되었습니다. 그리고 도성제는 '구체적
인 실천 방법에 의해서 누구든지 고를 멸하고 해탈·열
반의 경지를 누릴 수 있다.'는 말씀입니다. 다시 정리하

면 바른 견해는 사성제를 바로 아는 것이고, 이 사성제가 실로 바른 견해를 뿌리내리게 하는 궁극적인 진리입니다.

바른 견해가 사람됨의 기본이다

우리가 경험하는 온갖 현상들을 부처님 법에 비추어 생각해 봅시다. 먼저 고苦를 봅시다. 고라는 것은 우리가 일상적으로 정치문제, 경제문제, 사회문제, 문화문제 등등, '무슨 무슨 문제'라고 하는 바로 그것입니다. 우리 주변은 '문제'로 가득합니다. 즉 '고'로 가득하다는 말입니다. 그런데 이 문제 모두가 사람이 만든 것이고, 사람의 일이니까, 문제의 원인도 사람에 있을 겁니다. 정치, 경제, 군사, 문화, 과학 모두 사람이 하는 일 아닙니까? 그러니까 문제가 꼬였을 때는 사람에게서 원인을 찾아 풀어야지 달리 길이 없습니다. 그렇다면 우리는 어떤 인간관을 가지고 있는지 재점검할 필요가 있습니다. 도대체 사람이 무엇인가? 우리는 '사람'을 당연히 안다고 생각합니다만 '잘 모를 수 있다.'고 괄호를 쳐놓고 봅시다. 우리는 사람을 잘 모를 뿐만 아니라 사람이 만들어낸 것들도 잘 모를 수 있는 겁니다.

사실 인류 역사상 철학자들이 계속해 온 것이 '사람타령'입니다. 인간은 무엇인가? 존재는 무엇인가? 계속 고뇌해 왔지만 해답은 아직도 없지 않습니까. 오늘 이 자리에서만은 부처님의 지혜에 비추어 생각해 보도록 합시다. 부처님은 인류 역사상 최고의 지혜인이요, 지혜의 완성자 아닙니까. 부처님의 지혜에 의지해서 사유를 정리해 가면 의외로 모든 문제, 모든 고苦가 간단 명료해질 수 있습니다.

그러면 사성제에서 드러난 부처님의 인간관은 무엇이며, 바른 견해로 바라본 인간은 어떤 존재인가? 결론부터 말하자면 부처님의 인간관은 사람은 누구나 해탈·열반을 향해 향상하는 존재라는 것입니다.

앞에서 '사성제에 대한 바른 이해가 바른 견해'라고 했지요. 사성제를 안다는 것은 '이 사바세계가 어쩔 수 없는 고苦의 구조인데, 올바로 정진해서 법답게 살아가노라면 고가 약화되다가 마침내 멸하는 경지에 이른다.'는 법칙을 안다는 말이 됩니다.

고苦가 멸한 상태는 곧 열반입니다. 부처님은 열반

소식을 우리에게 전해 주려고 그토록 애쓰셨던 것입니다. 한편 바른 견해는 첫째, 열반은 어떤 언어로도 표현할 수 없는 세계라는 것을 아는 것이고 둘째, 열반이 '나 자신'과 무관한 것이 아니라고 아는 것입니다. 사람은 누구든 예외 없이 고의 멸에 이르는 길을 과거부터 무한히 걸어왔고, 지금도 걷는 중이고, 앞으로도 그 길을 걸을 것이라는 사실을 명백히 알아야 합니다. 그럴 때 비로소 바른 견해가 우리 삶에 생생하게 살아납니다.

우리는 무수한 업을 지어서 그 업보를 받으면서 윤회전생輪廻轉生을 해왔고, 지금도 선업이든 악업이든 업을 짓고 있고, 또 앞으로도 지을 것입니다. 우리 인간은 존재를 유지하려고 끊임없이 먹고 싸는 짓을 되풀이해 왔습니다. 그렇게 먹고 살기 위해서 뭇 중생에게 폐를 끼칩니다. 그뿐만 아니라 우리가 몸담고 있는 터전, 이 지구에 별의별 짓을 다해서 온통 상처투성이로 만들어 놓고, 기껏 한다는 변명이 '내가 먹고 살려니 어쩔 수 없다, 네가 좀 희생해라.'는 식입니다.

그런데 우리 인간이 뭇 중생에게 폐를 끼치기는 하지만 그럴수록 우리의 삶에 어떤 특별한 의미가 있어야만 하겠지요. 그 이유는 우리 인간만이 법法을 알고, 그 법을 실현하는 존재체라면 찾아질 수 있을까요. 인간만이 법을 구현하는 삶을 살고 있기에 이 우주도, 지구도 온갖 짓거리를 하는 인간을 참아내면서 인간에게 봉사해주는 것이 아닐까요. 저 태양빛에서부터 온갖 미물에 이르기까지 온 세상이 우리에게 끊임없이 물자를 공급해주면서 먹고 살게 도와주려고 저렇게 부지런히 애쓰는 데는 마땅히 그럴만한 이유가 있어야

겠으니 말입니다.

요컨대 기본적으로 우리 인간은 고·집·멸·도苦集滅道, 사성제를 알고 이를 살아가는 데서 실천해 그 특성이 발휘되도록 해야 합니다. 그 깨달음이 없으면 올바른 삶이 될 수 없습니다. 우리가 고를 알고, 고의 멸을 향해 나아가는 존재임을 올바로 인식하고 살아간다면, 그때 우리는 비로소 올바른 사람의 값을 갖추었다고 할 수 있을 겁니다. 그렇게 보면 우리는 바른 견해, 정견을 갖춤으로써 사람의 기본을 세우도록 부단히 노력하지 않을 수 없습니다.

지혜는 바른 견해에서

바른 견해와 선善

요즘 사람들은 백화점이나 할인점에 가서 물건을 척척 담고 카드로 쓱 긁고 자가용에 턱 싣고 돌아옵니다. 이러한 생활양식도 기실은 어떤 견해가 밑바탕에 깔려있습니다. 우리의 모든 행동은 무의식적이라 할지언정 반드시 어떤 견해가 뒷받침하고 있습니다. 불교에서 보면 본능적 행태마저도 업業에서 나옵니다. 업은 의도적 행위인데, 어떤 업도 견해 없이 지어지지 않습니다. 따라서 엄밀한 의미에서 견해 없이 나오는 행동은 없습니다. 그 견해가 나에게도 이롭고 남에게도 이로운 선한 행위 또는 나에게도 해롭고 남에게도 해로운 불선한 행위를 결정합니다. 그만큼 견해가 우리의 삶을 규정한다는 점에서 엄청나게 중요합니다.

부처님 가르침인 법은 윤리성을 바탕으로 하고 있는데, 그 윤리의 기초는 바른 견해입니다. 바른 견해는 법에 대한 바른 이해에서 시작합니다. 법 자체가 부처님이 세상을 보시는 견해입니다. 우리는 바른 견해를 먼저 세우고, 하루하루 살면서 그날그날 할 일을 정할 때에도 바른 견해에 입각해서 행동을 예정해야 합니다. 하루의 삶도 그렇고 인생 전체도 그렇습니다. 견해가 올바른 것이어야 우리가 걸어야 할 팔정도 수행이 제대로 이루어질 수 있기 때문입니다.

그런데 사성제를 아직 제대로 알지 못하는 단계에서는 경에 나오는 부처님 말씀에 의지해서 자신의 견해를 세우려고 노력할 수밖에 없습니다. 그렇게 하여 바른 견해가 세워지기 시작하면 우리 삶에서 어떤 변화가 생길까요?

먼저 우리가 따르고 있는 배금주의, 가족, 혈연, 국가 중심주의 등 집단이기주의나, 선善·악惡으로 구분하는 통상적인 가치관까지 어느 것도 자기 스스로 세웠거나 책임질 수 있는 견해는 별로 없다는 사실을 알게 됩니다. 대부분의 견해는 남으로부터 배웠거나 남을 모방하는 과정에서 자기 것으로 삼아 온 것입니다. 바로 그런 견해는 남의 견해입니다. 우리는 원천적으로 오염된 견해들에 의해서 타율적으로 배양되어온 피해자들이라고 할 수 있습니다.

그러한 우리가 바른 견해를 생각해 본다는 것은 대단히 힘겨운 일입니다. 하지만 우리가 가지고 있는 개

넘들 하나하나를 전부 정밀분석하고 분해하고 소제해 내야 합니다. 그러다 보면 우리가 대단히 엉뚱하게 전도된 견해에 태연히 안주하고 있을 뿐 아니라 오히려 확신하고 있고, 심지어는 주변 사람들에게도 강요하고, 자식들에게도 가르치고 있다는 점을 발견할 것입니다. 얼마나 끔찍한 일입니까. 우리 스스로가 그릇된 견해의 피해자라면, 우리는 그 견해를 고치기 위해서 모든 노력을 기울여야 마땅할 것입니다.

거듭 말하거니와 부처님이 바른 견해를 팔정도의 첫머리에 두신 것은 그만큼 바른 견해의 중요성을 강조하신 겁니다. 견해가 틀렸는데 그다음 노력이 진행된다면, 오히려 그릇된 견해로 더 중무장하게 되고, 따라서 돌이킬 수 없는 완고한 고집쟁이나 미신쟁이로 변할 가능성이 있습니다. 이것 참 심각한 이야기입니다.

지금 우리는 어떤 가치관 속에 살고 있습니까? 맹목적으로 많이 소유하려 하고, 많이 소비하려 하고, 행복이라는 이름으로 자신의 감각을 마비시키면서 쾌락을 구가하는 삶을 살고 있지나 않습니까? 그렇다면 우리는 마땅히 자신의 견해를 점검하는 노력을 서둘러야 합니다. 그리하면 우리가 추구해온 많은 것이 참 행복이 아니고, 오히려 불행을 낳을 수 있다는 것을 확인할 수 있을 겁니다.

바른 견해의 기틀은 선善입니다. 경에 보면 어떤 왕이 아아난다 존자에게 묻습니다. '선, 선 하는데 선은 무엇입니까?' 아아난다 존자가 이전에 부처님께 들었던 대로 대답합니다. '선이라는 것은 자신에게 이롭고 남에게도 이로운 것입니다.'

그 왕이 다시 질문을 합니다. '이롭다, 이롭다 하시는데, 이롭다는 것은 무슨 뜻입니까?' 아아난다 존자는 '향상에 도움이 되는 것이 이로운 것'이라고 대답합니다. '향상에 도움이 되는 것이 이로움이고 향상에 도움이 되지 않는 것은 이로움이 아니다.'[1] 향상이란 두말할 것도 없이 정신적 향상입니다. 지혜를 향해서 한걸음이라도 더 다가가는 것이 향상입니다. 이 점을 여러분들이 깊이 음미해 보십시오.

그런데 지혜를 키우려면 선입견이나 편견인 지식들을 털어내야 합니다. 선입견과 편견으로 오염돼 있을 경우, 지혜로 그것들을 털어내는 방향으로 자신을 변혁해 나가는 과정이 바로 향상입니다. 이러한 향상에

---

1 《중부》 88경, 〈외투 경Bāhitika Sutta〉, II권

도움이 되는 지혜는 오직 바른 견해로부터 나옵니다.

바른 견해는 선善, 즉 향상에 도움이 되는가, 아닌가 하는 것을 기준으로 삼습니다. 해탈·열반을 우리에게 가르치는 게 법인데, 열반을 향해서 나아가는 데 도움 되는 요소가 선법善法입니다. 선법을 이해하여 그것으로 바른 견해를 갖추려 노력할 때, 팔정도를 바르게 걷기 시작한다고 볼 수 있겠습니다.

유신견 벗어나기

우리는 바른 견해를 각자의 삶에서부터 세울 필요가 있습니다. 아주 비근하게 내 일상생활 속에서 작동하는 견해부터 바르게 정립하도록 노력해야 할 것입니다. 나, 가정, 국가, 세계에 대한 견해를 바르게 세우는 데서 시작합니다. 부처님 법을 따라 바른 견해를 세우는 길에서는 누구나 '나는 유치원생이다.' 하는 겸허하고도 진솔한 태도가 우선되어야 합니다.

우선 '나 자신'에 대해서는 어떤 견해를 가질 것인가? 보통 우리는 자기 자신에 대해서 완고한 고정관념을 가지고 있습니다. '나'라는 고정관념을 가지는 한, 한 걸음도 향상하기 어렵습니다. '나'라는 관념은 바깥에 의존하여 생기는 것입니다. 내 몸뚱이가 있으니까 내가 있다든가, 남편, 아내로서 내가 있다든가, 부모, 자식으로서 내가 있다고 자기를 확인하는 것은 타인과의 관계에 입각해서 자기를 인식하는 태도입니다. 그것은 가장 소극적이고 나태한 자기 정립 방법입니다.

세상 모든 현상이 법인데, 그런 의미에서 '나'라는

것도 현상이고 법입니다. 《법구경》 게송 1에 '모든 법에는 의意 mano가 선행한다.'[2]고 나옵니다. 모든 현상에는 의, 즉 마음이 선행한다는 것입니다. 일체유심조一切唯心造입니다. 결국 '나'라는 것도 나 자신의 업이 만들어가는 겁니다. '나'뿐만 아니라 모든 현상이 그렇습니다. 이처럼 나와 모든 중생을 업으로 보기 시작할 때, 바른 견해의 기초를 쌓는다고 할 수 있습니다.

　여기 업을 짓고 있는 '나'라는 하나의 업 덩어리, 업체가 있습니다. 이건 주체가 아닙니다. 연기법으로 보면 주체가 아니라, 하나의 경향성, 성향일 뿐입니다. 업

2　마음이 모든 법을 앞서가고 마음이 모든 법을 지배한다.
　그러므로 마음에 의해서 온갖 행위는 지어진다.
　만일 어떤 사람이 나쁜 마음으로 말하고 행동하면
　반드시 고통이 뒤따른다, 마치 수레가 황소를 뒤따르듯이.

　manopbbaṅgamā dhammā manoseṭṭhā manomayā
　manasā ce paduṭṭhena bhāsati vā karoti vā
　tato naṃ dukkhamanveti cakkaṃva vahato padaṃ 《법구경》 게송 1

이 어떤 자극에 대해서 특수한 굴절 과정을 거쳐 어떤 반응을 나타내는 성향이 있다는 겁니다. 그걸 아만으로 '내 마음'이니 '내 생각'이니 하고 표현하고 있는 겁니다. '여기 분명히 보이고 만져지는 살덩어리, 하나의 정신-육체 단위체가 있으니, 이것이 나다.'라고 하는 견해를 불교에서는 유신견有身見이라 합니다.

이렇게 유신견이 있으면 나와 남을 구별 짓게 됩니다. 내가 소중하다고 자기중심적으로 생각하고, 내가 행복하고 편안해야 하므로 심지어 남을 희생시켜도 되겠다는 논리도 나옵니다. 그런 경쟁 논리의 바탕에는 유신견이 자리 잡고 있습니다. '내가 있다.'는 유신견에 의해 구조적 갈등 관계가 끊임없이 형성됩니다. 그렇기에 부처님은 세상을 '고해苦海'라 하셨습니다. 구조적이고 원천적인 갈등 관계라는 뜻입니다. 고해를 연출

하는 것은 바로 '나'라는 존재에 대한 집착입니다. 이러한 유신견은 우리를 윤회에 묶는 열 가지 족쇄[3] 중 첫 번째입니다. 유신견을 벗어나는 것이 바른 견해가 이루어내는 첫 번째 성과입니다.

유신견을 벗어나는 것은 하나의 족쇄로부터 벗어나는 것입니다. 해탈이란 뭔가? 해탈이란 말은 요즘 말로 하면 해방, 벗어남입니다. 불교의 목표로 보면 무지로부터 해방되고, 탐·진·치貪瞋癡 삼독심三毒心으로부터 해방되고, 열 가지 족쇄로부터 해방되는 것입니다. 열 가지 족쇄로부터 다 해방되면 완전한 해방이고, 족쇄

---

3 열 가지 족쇄saṁyojana: 하오분결下五分結: ①개아가 실존한다는 견해[有身見 sakkāyadiṭṭhi] ②의심[疑 vicikicchā] ③규준과 의식儀式에 대한 집착[戒禁取 sīlabbataparāmāsa] ④감각적 욕구[欲貪 kāmarāga] ⑤악의惡意 vyāpāda, 상오분결上五分結: ⑥색계 존재에 대한 욕구[色貪 rūparāga] ⑦무색계 존재에 대한 욕구[無色貪 arūparāga] ⑧자만[慢 māna] ⑨들뜸[掉擧 uddhacca] ⑩무명無明 avijjā

하나라도 벗어나면 그것도 하나의 해방입니다. 그러니까 우리는 하나하나 해방해 나가면 되고, 바로 그러기 위해서 공부를 하는 것입니다. 그것이 공부 목표에 대한 바른 견해라 할 수 있습니다.

무상 속에 고를 보다

세상이 요즈음 대단히 풍요로워졌지요. 그런데 굶주림으로부터 해방되었지만 진정한 풍요와 행복을 누리고 있는가? 오히려 더 헐떡거리는 것 같습니다. 먹어댄 만큼 많이 쌓인 힘이 자기와 남을 파괴하는 데 쓰이고 있다는 인상마저 받게 됩니다.

사바세계에서의 해방이란 낡은 문제의 매듭지음이면서 동시에 새로운 문제의 출발입니다. 그 때문에 끊임없는 고해를 연출하고 있는 것입니다. 진정한 해방은 없고, 그저 낡은 문제를 하나 매듭짓고 새로운 문제를 시작하는 게 사바세계의 해방입니다. 이러한 변화가 연속되는데 제행무상諸行無常의 법을 깨닫지 못한다면 우리 공부에 문제가 있는 것입니다. 우리는 고해와 무상無常이 그대로 펼쳐지는 광경을 직접 겪으며 살고 있습니다. 어제의 승자가 바로 오늘 패자가 되기도 하지요. 그 무상을 우리가 다 보고 있습니다. 이렇듯 우리는 무상 속에 파묻혀 고를 살고 있습니다. 무상 속에 고苦가 도사리고 있다는 사실을 똑바로 아는 것은 바른 견해로 세상을 보는 지혜입니다.

그런데 여러분은 고苦를 어떻게 대하고 있습니까? '남들은 고해를 겪을지언정 나만은 예외가 되었으면……' 하거나, '이 사바세계에서 살아도 고를 모르고 살고 싶어.' 이렇게 바라고 산다면 그것은 앙탈입니다. 부처님이 이 세상을 고해라고 규정하셨듯이 누구나 예외 없이 생·노·병·사生老病死, 수·비·고·우·뇌愁悲苦憂惱 를 겪으며 살 수밖에 없지 않습니까. 모습은 달라도 어 떤 형태로든 누구나 겪는 고인데, 나 혼자 앙탈을 부리 며 외면하면 어쩌자는 겁니까?

여러분, 우리가 과거 생에서 진작 해탈을 못 했기 때 문에 여전히 가지고 있는 탐·진·치貪瞋癡로 인해 금생 에 또 몸을 받아서 이 고해에 살고 있다는 사실을 바 로 알아야 합니다. 누구나 겪는 고苦인데도 나만은 행 복하기를 바라니까 이 세상이 못마땅하고 억울하고 한스럽기 짝이 없는 것 아닙니까. 우리는 숱한 교훈으 로 넘치는 세상을 살면서도, 이 변화무쌍한 삶의 현장 이 주는 엄숙한 교훈들을 거부하고 있습니다.

제행무상諸行無常, 일체개고一切皆苦의 진실을 보지

않고 외면하고 기피하려고 몸부림치는 겁니다. 기어이 바른 견해로 보지 않으려고 몸부림치고 사는 모습이 우리의 일상생활입니다. 법문을 들을 때는 '바른 견해를 갖추어야겠다.' 하면서도 일상생활에서는 바른 견해를 외면하려고 그렇게 필사적으로 애쓰고 있으니 참 모순입니다. 스스로 그 모순을 볼 줄 모르니 괴롭고 갈등이 생기는 겁니다.

중생의 모습이 원래 그러합니다. 사람이 있는 게 아니라 탐·진·치 업 덩어리가 있는 겁니다. 중생의 삶이란 그 탐·진·치 성향이 펼쳐지는 연기緣起의 과정일 뿐입니다. 나 자신을 그렇게 보는 것이 일상에서 바른 견해를 갖추어 실천하는 또 하나의 과정이 되겠습니다.

바른 견해로 일체가 고라는 이치를 받아들이면 의

외로 거기에서 평안이 오고, 진정한 용기와 자신감이
생기고, 삶의 어떠한 고난도 두려워하지 않고 맞대면
할 여유가 생겨납니다. 그리하여 팔정도에서 바른 견
해가 얼마나 자비로운 말씀인지 터득할 것입니다. 바
른 견해가 조금 터득되어서 자리가 잡히면, 팔정도의
나머지 항목은 술술 자동적으로 풀려나기 시작합니
다. 바른 사유[正思], 바른 말[正語], 바른 행위[正業], 바
른 생계[正命]가 내 삶에서 펼쳐지기 시작합니다.

바른 견해로 세상을 받아들이는 여유가 생기면, 내
요구대로 안 한다고 남을 비난하는 마음이 스르르 가
라앉습니다. '나도 내 맘대로 안 되는데, 저 사람인들
자기 마음대로 되겠나? 하물며 그 사람이 내 마음대
로 되겠나?' 그러면서 남에게 요구하는 삶이 얼마나
어리석은지를 돌아볼 수 있습니다. 따라서 요구하기를

멈추고 이해하는 입장이 됩니다. 내가 상대방의 입장에 서서 그 상대방을 생각하거나 나를 돌아보는 자세를 갖는 것입니다. 이것이 바로 바른 견해를 통해 지혜가 일어나는 시발입니다. 바른 견해는 지혜의 터전입니다. 요컨대 바른 견해를 갖추게 되면 팔정도 공부는 순풍에 돛을 달게 됩니다.

팔정도 공부 길에 나서서 순풍에 돛을 달았건만 파도가 자꾸 몰아쳐 오는 건 지금까지 지어온 업 때문입니다. 과거 생에 업장을 지어 이번 생의 파도거리를 만들어 놓은 겁니다. 내가 파도거리를 많이 지어놓았으면 미상불 아래위로 이리저리 요동치면서 나가야 될 것이고, 파도거리를 적게 만들어 놓았으면 그만큼 순탄하게 나갈 것입니다. 그것은 자업자득이니까 남 탓할 것 없이 승복해야 합니다. 내가 과거에 지은 업보를 받아야 하는 거지요.

　다른 한편으로 보면, 밀려오는 파도는 그것을 견디
고 이겨내는 동안 내 공부가 무르익으라는 장치입니다.
과거에 미룬 숙제를 이번에 풀면 지혜가 생기면서 순
풍을 타고 나아가게 됩니다. 따라서 바로 내가 부딪히
는 그 파도들을 하나하나 헤치고 풀어나가는 게 진짜
공부입니다. 내가 미루어 온 숙제를 스스로 풀고, 내가
부딪히는 파도를 스스로 헤쳐나가는 게 공부입니다.

　만사가 자업자득임을 인식하고 받아들인다면 여유
가 생겨납니다. 그러면 억울해할 일이 없어집니다. 내
가 부딪히는 모든 문제는 있어야 할 것이 있을 때 있
고, 있을 자리에 있는 겁니다. 모든 문제가 내 공부에
필요해서 있는 것이라고 받아들이십시오.

어떤 문제든 자기 탓임을 진정으로 승복하고 받아들인다면 여러분 얼굴이 훤해지고, 말이 정말 부드러워지고, 눈이 초롱초롱 맑아집니다. 자비의 미소가 얼굴에 퍼질 겁니다. 내가 부딪히는 이 문제가 조금도 억울하거나 부당한 일이 아니라는 것을 인정해 보십시오. '있어야 할 일이 바로 있어야 할 때와 장소에 있는 것이다, 이것이 내가 미루어온 숙제다, 지금 내가 이것을 하나하나 푼다.' 이렇게 바르게 보는 공부를 하십시오. 그러면 억울한 마음, 원망하는 마음, 탓하는 마음이 스르르 사라져 갈 것입니다.

불법佛法의 빛으로
선입견에서 벗어나다

불자의 편견과 선입견

불교에 친숙하고 스스로 불자라 여긴다 해서 과연 불교를 제대로 알고 있는 것일까요? 오히려 불교를 좀 안다고 생각하는 사람일수록 불교에 대해 이런저런 선입견이랄까 고정관념이 자리를 잡을 수 있습니다. 이것은 수행에 커다란 장애가 될 수 있어서 '불자의 편견'이라고 부를 수도 있는 문제입니다. 불교는 어떠한 편견도 갖지 말라는 그야말로 무편견을 강조하는 가르침입니다. 부처님은 어디에도 치우치지 않는 중도中道

를 견지할 것을 강조하십니다. 불자가 불교 공부를 할 때에도 중도를 바탕으로 하지 않으면 바른 공부 길을 간다고 할 수 없습니다. 따라서 불교에 대한 여러분의 견해가 과연 바른지, 선입견은 아닌지 점검하고 확인하고 정리해 보십시오. 그리하여 중도 수행에 도움을 주는 바른 견해를 세울 것인가, 그것이 관건입니다. 누구든 불교에 대해 선입견을 가질 수 있는데, 그 선입견을 어떻게 살피고 어떻게 처리해야 할지 강구해야 합니다.

선입견과 편견을 벗어나는 길은 바른 견해를 가지고 바른 마음챙김을 하는 것입니다. 불교는 어떤 경우, 어떤 상황, 어떤 환경에 처하더라도 정신을 빼앗기지 말라고 가르칩니다. 어떠한 상황에서도 한눈을 팔지 않고 자기 정신을 딱 챙기는 것, 그것이 '바른 마음 챙김'

입니다. 바른 마음챙김, 정념正念은 한눈을 팔지 말고 내 마음을 챙겨서 염처念處에 집주集注하는 겁니다.[4] 〈자비경〉에 나오듯이 '생명을 바쳐서 위해危害로부터 외아들을 보호하듯' 정신 차려 염처를 놓치지 말라는 겁니다.

또한 불교에 대한 선입견의 문제는 팔정도의 바른 견해[正見], 바른 사유[正思]와 직결되는 문제입니다. 수행 분상에서 바른 견해는 출발점이면서, 동시에 팔정도를 걷고 걸어 도달하는 지혜입니다. 그런데 흔히 어릴 때부터 지녀왔던 불교에 대한 어떤 선입견이나 단편적 내용을 가지고 '불교는 이런 거야.'라고 생각을 굳혀 버리는 경향이 있습니다. 그런 선입견을 잔뜩 가지고

---

4 바른 마음챙김에서 염처念處는 신념처身念處, 수념처受念處, 심념처心念處, 법념처法念處, 즉 사념처四念處이다.

무슨 수로 바른 견해를 닦을 수 있겠습니까? 그릇에 물이 가득 담겨 있는데, 어떻게 새 물을 부을 수 있겠습니까. 미리 무장된 자기 견해가 굳어있으면, 자기 자신에 대해 집착하듯 견해에 대해서도 집착합니다. 그걸 견집見執이라고 하지요. 이런 선입견을 가지고 불교를 대한다면, 그 불교 공부는 장애가 클 것입니다. 이런 경우에 어떻게 선입견을 극복하고 바른 견해를 닦을까요?

여러분이 편견이나 선입견을 가지고 있다고 스스로 깨닫더라도 그것을 놓는 것은 쉬운 일이 아닙니다. 그러니 이렇게 생각해 봅시다. '나는 선입견 중독 환자다!' 조금 자극적인 표현이지만 스스로 선입견 중독 환자라고 인정하는 것입니다. 먼저 자기가 생각보다 훨씬 더 선입견에 젖어 있고, 엄청난 집착으로 중무장하고 있다는 사실을 깨달아야 합니다. 자기가 선입견 중독자라는 것을 인정하지 않고서는 그 선입견에서 벗어나는 것은 대단히 어렵습니다. 중독자라고 스스로 인정하고 나서야 어떻게 고치느냐를 생각해 볼 수 있는 것입니다.

선입견의 근본 원인은 행이다

어떻게 하면 바른 견해를 갖출 수 있을까? 어떻게 하면 팔정도를 바르게 닦아 이생에서 부처님 법 만난 보람을 살릴 수 있을까?

어떤 사태나 어떤 상황이 발생하면, 그걸 불교에서는 법이라 합니다. 법은 의意에 대응합니다. 육처六處

중에 내육처는 안·이·비·설·신·의眼耳鼻舌身意이고 외육처는 색·성·향·미·촉·법色聲香味觸法입니다. 외육처는 내육처의 대경對境입니다. 눈은 색, 귀는 소리, 코는 냄새, 혀는 맛, 몸은 접촉, 의는 법에 대응합니다. 이때 여섯 번째 내육처가 의意 *mano*, 여섯 번째 외육처가 법法 *dhamma*입니다. 다시 말해 의意의 대경이 법입니다.

어떤 새로운 법이 나타났을 때, 어떻게 의를 잘 운전해서 그 법을 정확하게 포착하고 풀어나갈 것이냐 하는 것이 문제입니다. 예컨대 내가 선입견을 가지고 있다는 사실을 발견한다면 그것도 새로운 상황이고 법입니다. 이 법은 의意의 대상으로 포착된 것이지요. 그만큼 우리가 '어떻게 의를 구사해 나갈 것인가?' 하는 것이 중요합니다.

불교에서 '지혜롭게 생각한다.'는 것은 그 근원을 연기적으로 고찰해 나간다는 말입니다. 불교의 지혜에 연기법 이상이 없으니까요. 따라서 어떤 상황이든 나타났을 때는 그 상황을 법으로 파악하면서, 연기적 입장에서 그 법의 원인인 법을 찾고, 또 그것의 원인을 찾으면서 규명해 들어가는 것입니다. 그렇게 원인을 찾아 들어가면 문제 자체에 대해 우격다짐으로 깨부수려고 들지는 않겠지요. 불교의 수행법은 원인을 찾아내서 그 원인을 무력화시켜 작용을 못하도록 만드는 것입니다. 그 원인이 작용하는 루트를 차단해 버리는 겁니다.

이제 나에게 선입견이 있다는 것을 알았다면 '이 선입견은 어떻게 해서 생겼느냐?'를 고찰해 들어갑니다. '누구에게 들은 그 말이 그때 맘에 들었다, 반복해서 그 말을 들었다, 그래서 그게 자리를 잡아 버렸다.' 그런 식으로 선입견의 원인들이 있을 겁니다. 연기적 입장에서 그 원인을 규명해 들어가면 결국은 '모든 편견, 모든 선입견도 우리 마음이 차분하지 못하고 들떠 있기 때문이다.'라는 사실을 발견하게 됩니다.

만일 여러분의 마음이 들떠 있지 않고 차분하게 가라앉아 있다면, 어떠한 것도 쉽사리 마음에 드니, 안 드니 하지 않지요. 그렇게 되면 그 무엇도 내 마음에 들어와 자기 방을 구축해 들어앉을 수는 없습니다. 어떤 음성이 내 귀에 들린다든지 어떤 법이 내 뇌리를 칠 때, 그걸 함부로 수용하거나 거부하는 것은 마음이 차분하지 않고 들떠 있기 때문입니다. 우리가 들뜨지 않고 진정 차분하다면, 이 법이 맞는가 틀리는가, 나에게 이로운가 해로운가를 깊이 숙고하게 됩니다. 내 기분에 맞는다고 해서 선뜻 받아들이진 않을 겁니다. 숙고하지 않고 부주의하게 선뜻 받아들였기 때문에 선입견으로 자리를 잡은 것입니다.

들떠 있는 이 마음을 일단 가라앉히는 작업을 하지 않고서는 이미 자리 잡은 선입견을 타파할 길이 없습니다. 혹여 용맹심을 발휘하고 온갖 사유를 동원해서 어떤 선입견을 타파해냈다 해도 들떠 있는 마음이기 때문에 그 즉시로 또 다른 새로운 선입견이 자리를 잡고 맙니다. 들떠 있는 마음으로는 선입견 자체를 올바로 타파하는 것이 결코 불가능합니다. 따라서 어떤 선입견이든 '좋다, 나쁘다'라고 문제 삼을 일이 아닙니다. 본질적으로 들떠 있는 자신의 마음이 문제입니다.

들뜸은 행行입니다. 들뜸은 도거掉擧로서 다섯 가

지 장애[5] 중 하나입니다. 또 사람을 윤회에 묶어놓는 열 가지 족쇄가 있는데, 그중 아홉 번째 족쇄가 도거입니다. 들뜸은 행의 가장 마지막까지 남아있는 장애입니다. 끝까지 끊임없이 작용하는 가장 미세하고 끈질기고 깊숙한 행의 뿌리가 들뜸, 도거라는 것입니다. 그 때문에 들뜸, 도거야말로 행의 본질이라 할 수 있습니다. 일체의 사물과 모든 정신적 물질적 현상을 만들어내는 들뜸의 에너지, 그게 행입니다. 이 행이 있는 한, 우리는 선입견을 아니 가질 수가 없습니다.

행이 있으면 반드시 상想, 산냐*saññā*가 있게 되고, 세상만사를 상으로 보게 됩니다. 앞서 본 바와 같이

---

5 다섯 가지 장애*pañca nīvaraṇāni*: ①감각적 욕망*kāmacchanda* ②악의 *vyāpāda* ③해태와 혼침*thīnamiddha* ④들뜸과 회한*uddhaccakukkucca* ⑤회의적 의심*vicikicchā*. 법륜 아홉, 《다섯 가지 장애와 그 극복 방법》, 〈고요한소리〉, 참조.

행은 들뜸이기 때문에 세상을 신기루[6]로 볼 뿐, 실상을 보지 못합니다. 그 상으로 만들어진 불교 이해가 바로 불교에 대한 선입견을 만들어냅니다.

우리가 가진 불교에 대한 잡다한 지식이나 선입견을 검토하기 위해 지금부터 '불교는 이런 것이다, 이래야 한다, 수행자는 어떻다.'라는 견해들을 살펴봅시다. 내가 잘못 받아들였거나, 부분을 전체로 이해했거나, 맥락을 살피지 못하고 마음에 드는 부분만 선택하여 나름대로 엮어서 그릇된 견해를 구축했을 가능성이 많다는 사실을 일단 인정합시다. 우리의 편견에 촉觸을 일으키지 말고, 대신 '지금·여기'서 일어나는 일에만 주

---

6 오온五蘊. 색色 *rūpa*: 수포水泡, 수受 *vedanā*: 기포氣泡, 상想 *saññā*: 신기루, 행行 *saṅkhāra*: 심재心材가 없는 나무(예: 바나나 나무), 식識 *viññāṇa*: 마술.《상응부》22, 〈칸다 상응*Khandha Saṃyutta*〉95경, 〈수포 비유 경*Pheṇapiṇḍūpama Sutta*〉

의를 기울이도록 방향 전환을 합니다. 요는 내육처內六處를 살펴서, 육처에 닿는 촉을 선택하자는 겁니다.

여러분, 지금부터는 우리가 느끼고 받아들이고 처리하는 과정을 면밀히 검토하도록 합시다. 우리는 우리 몸과 마음에서 일어나는 것은 너무나 당연한 일로 치부해 왔는데, 그건 기본적 오류입니다. 문제는 자신의 오류에 있었지 밖에 있는 것이 아닙니다. 우리가 행을 고요히 가라앉히는 방향으로 접근하지 않는다면 선입견을 이겨낼 수가 없습니다. 앞서 언급했듯이 표피적으로만 대결하면, 하나의 선입견을 버리는 데 성공한다 해도 즉각 다른 새 선입견을 갖게 됩니다. 그러면 우리는 영원히 바른 견해, 정견에 발을 딛지 못한 채 밖에서 빙빙 돌다가 말 것입니다. 불교는 들뜸을 가라앉히고 고요함을 확고하게 다져서, 어떠한 대경에도 마음을 뺏기지 않을 만큼 자기 자신을 챙기도록 가르치는 체계라고도 할 수 있습니다.

들뜸을 가라앉힌 상태가 '고요, 적정寂定'입니다. 그렇기 때문에 '고요'가 중요한 문제로 대두됩니다. 행을 가라앉힌 열반의 경지는 언어로 표현할 길이 없으나, 굳이 말하자면 '고요, 적정'입니다. 일체의 행이 중단되고 그쳤으니까 고요한 것입니다. 그 열반·적정이 불교의 이상 목표입니다. 그 길은 결국은 팔정도입니다. 일단 '내가 들뜸병 환자다.'라고 인정하고 '내가 지금부터는 들뜨지 않고 고요의 방향으로 나아가겠다.'고 마음먹어 보십시오.

'아하, 내가 들뜨는구나!' 하고 살펴 들뜸을 가라앉히며 고요를 이렇게 실천해가면 열반을 향해 최초의

씨앗을 뿌리는 셈이 됩니다. 그 씨앗이 자라도록 거듭하여 바른말을 하고 바른 행위와 바른 생계를 실천해 나가야 합니다. 조금이나마 마음을 챙길 때는 어느 정도 실천이 되는데, 그다음 행동을 할 때는 잊어버리기 일쑤이지요. 고요에 대한 생각은 간절한데 잘 되지 않으니 어떻게 하면 될까 숙고하면서 바른 노력을 하게 됩니다.

들뜸을 가라앉히고 고요로 가는 길은 오로지 바른 마음챙김을 하는 것입니다. 마음을 챙기지 못하고 들떠 '지금·여기'를 놓치고 이리저리 방황할 때 불안과 초조가 생기는 겁니다. 바른 마음챙김에는 들뜸에서 오는 어떤 스트레스도 들어올 여지가 없습니다. 요컨대 마음 챙기는 노력을 일상생활에서 간단없이 해낼 수만 있다면, 행을 가라앉히고 향상으로 나아가는 중요한 기반을 이미 마련한 것입니다.

불법의 빛에 사이클 맞추기

여러분, 고苦는 우연히 재수 없어서 만나는 게 아닙니다. 무명無明과 행行이 지배하는 한, 이 사바세계에서 고苦는 구조적인 것이어서 결코 피할 수 없습니다. 행을 가라앉히는 길 말고는 고를 해결할 방법이 달리 없습니다.

행을 가라앉히려면 연기법에 따라 무명을 없애야 합니다. 무명을 걷어내려면 지혜의 빛이 필요한데, 무명의 어둠 속에 있는 우리는 부처님 지혜의 불빛을 빌려와야 합니다. 그러나 부처님이 지혜의 빛을 아무리

찬란하게 비추어 주셔도 우리 눈이 그 빛과 사이클이 안 맞으면 우리는 캄캄한 어둠 속 그대로입니다. 사이클 차이로 지혜의 빛이 눈에 안 들어오는 겁니다. 사이클을 맞추는 노력이 행을 가라앉혀 나가는 길입니다. 우리는 들떠 있으니까 부처님의 고요한 빛을 보지 못합니다. 그런데 우리 마음을 고요히 가라앉히면 부처님의 빛도, 정법正法의 빛도, 선지식의 빛도 우리 눈에 포착됩니다. 그리되면 밝고 훤해집니다.

우리가 어둠 속을 헤매고 있는 것이 부처님 지혜의 빛과 정법의 빛이 없어서입니까? 빛은 우주에 충만합니다. 아무리 빛이 충만하면 뭐 합니까. 사이클을 못 맞추어서 우리 안테나에 안 잡히는 걸 어찌합니까. 그 사실을 인정하고 우리의 안테나가 그 빛을 탁 잡아서 우리 자신의 빛으로 쓸 수 있도록 노력해야 합니다.

부처님 빛과 사이클을 맞추는 비결이 결국 '고요'입니다. 그 고요를 지금부터 명상 주제로 삼아보십시오. 잠시나마 가만히 있도록 스스로 자신을 길들여 봅시다. 길이 들어서 마음의 헐떡거림을 스스로 가눌 수 있다면 고요해집니다. 가령 듣기 싫은 말 들을 때 화를 벌컥 내는 습관을 바꾸려면 '내가 화를 내고 있다.'는 것을 '지금·여기'서 알아차리도록 애쓰는 것에서 시작해야 합니다. 그러면 지금까지 '저 사람 말이 옳다, 그르다.' 시비하던 버릇과 거리를 두게 됩니다.

선입견에 사로잡힌 사람은 상대가 하는 말에 휩쓸려 버려서 옳으니 그르니 따지고, 자기 마음에 들면 좋고 못마땅하면 성내는 걸 당연한 것처럼 여깁니다. 우리는 항상 남의 말에 시비를 가리고, 경중을 가리고, 고하 귀천을 가리는 것에 신경을 쓰면서, 거기에 대해 보이는 자기의 반응은 당연한 것처럼 생각하는 버릇이 있습니다. 우리가 그러면 상대도 그럴 수 있지요. 반면 바른 마음챙김의 분상에서는 그렇게 반응하지 않게 됩니다. 따라서 상대방의 말에 사로잡혀서 그걸 옳으니 그르니 저울에 다는 대신, 그 순간에 '내가 지금 어떤 말에 어떤 반응을 보이고 있구나.' 하고 자기 점검을 하는 쪽으로 방향을 돌리는 것이 바른 마음챙김입니다.

정리하자면 우리가 바른 마음챙김을 할 때 비로소 행이 가라앉고 고요해집니다. 여러분, '지금·여기'에서 눈에 들어오는 모습, 귀로 들어오는 소리, 코로 들어오는 냄새, 혀로 들어오는 맛, 몸에 닿는 촉감에 대해 일어나는 반응을 살피는 노력을 부단히 해낸다면, 해탈·열반을 보장받는 것이나 다름없습니다. 부처님은 '일주일만 간단없이 바른 마음챙김, 정념을 할 수 있다면 아라한이 되거나 적어도 불환과는 이룰 것'[7]이라고 말씀하십니다. 중생들이 일주일 간단없이 바른 마음챙김을 지속한다는 게 그토록 어려워서 속절없이 사바의 고를 겪으면서 고해를 헤매고 있는 것입니다.

---

7 《중부》 10경, 〈염처경 *Satipaṭṭhāna Sutta*〉, I권, 63쪽.

바른 견해 하나만 붙잡으라!

바른 견해로 예류과 성취

바른 견해가 확립된 경지를 '예류과豫流果를 성취했다.'고 합니다. 경에 보면 '예류과를 성취하면 다시는 악도惡道[8]에 떨어지지 않고, 늦어도 일곱 생 내에 해탈한다.'고 합니다. 바른 견해만 확고히 세우면 해탈은 시간문제라고 부처님이 누누이 말씀하셨습니다.

그런데 인간을 이 사바세계에 묶어놓는 것을 '열 가

---

8 악도惡道: 악업을 지어서 죽은 뒤에 가야 하는 고통의 세계. 지옥도, 아귀도, 축생도, 아수라도

지 족쇄' 중 예류과에서 끊어내는 처음 세 가지가 유신견有身見, 부처님의 법에 대한 의심[疑], 의례의식에 대한 집착[戒禁取]입니다. 이 세 가지를 끊으면 예류과를 성취한다는 것입니다.

유신견은 앞서 '유신견 벗어나기'에서 살펴보았듯이 이 몸뚱이가 있으니까 내가 있다는 견해입니다. 범부들이면 누구나 갖고 있는 이런 자기중심적 자아 개념은 아무런 검증도 거치지 않고 감각적 인식에 의해서 단정된 상식적이고 용렬한 견해입니다.

다음으로 부처님의 법에 대한 의심입니다. 의심은 의혹, 불신 등을 포함하지요. 그리고 의례의식에 대한 집착, 계금취는 부처님 당시 바라문교의 문화와 불가분의 관계가 있습니다. 베다를 읽어보면, 바라문교는 일체의 모든 자연현상, 심리현상을 신격화시킵니다. 그리고 그 신들을 달래고 신에게 사정사정해서 나의 안녕과 행복을 이루려는 의례들로 가득 차 있습니다. 이때 신을 달래는 주된 방법은 사제를 통한 희생과 기도와 주문으로 구성된 제사입니다.

유신견에서 범부의 보편적 상식을 이야기했다면, 계금취에서는 범부다운 편견을 이야기한 셈입니다. 그 대표적 편견으로서 당시 바라문의 의례의식을 사례로 들었지만, 요새로 치면 유물론이라든가 유심론 같은 것도 역사적 상황에서 나온 편견들입니다. 그런 편견에는 반드시 집착이 따릅니다. 그래서 유신견은 견해라 하고, 계금취는 집착이라고 하는 겁니다. 유신견은 상식적, 세속적 견해이고, 계금취는 시대나 지역에 따른 특수한 편견인 것입니다. 유신견은 분명 잘못된 견해입니다. 그리고 의례의식에 대한 집착과 법에 대한 의심도 잘못된 견해에 바탕을 두고 일어나는 족쇄들입니다. 그러니까 바른 견해가 확립되면 예류과에 드는 것입니다. 그만큼 바른 견해는 수행의 기본이 되는 항목으로서 해탈·열반과 직접적인 연관을 맺고 있습니다.

이들 세 가지 족쇄를 벗어나는 경지가 예류과입니다. 예류라는 말은 '해탈의 올바른 흐름에 들어섰다.'는 뜻입니다. 해탈의 길에 올바로 들어섰으니까 범부가 아니라 성자입니다. 범부의 상식과 편견을 넘어섰으니까 그때부터는 성자입니다. 예류과에서 더 나아가 숙세 업의 강력한 본질인 욕심[欲貪]과 성냄[瞋恚]을 어느 정도 제거하는 데 성공하면 일래과를 이루게 되고, 욕심과 진심을 완전히 넘어서는 데 성공하면, 불환과를 이루게 됩니다. 그러나 욕심과 진심이라는 강력하고 눈에 드러나는 족쇄를 풀어도 섬세하고도 미묘한 족쇄가 또 다섯 개 남아있어요. 그것은 색계 선정에 대한 집착, 무색계 선정에 대한 집착, '나'가 있다고 생각하는 아만, 그리고 미세한 도거 즉 들뜸, 그리고 가장 끝으로 무명無明입니다. 이 다섯 가지마저 끊어내면 해탈입니다.

있는 그대로 인정하는 눈

불법으로 사물을 보는 바른 눈은 '사물을 있는 그대로 인정하는 눈'입니다. 바른 눈으로 보면 우리가 부딪히고 있는 모든 문제에 자기중심적으로 반응하지 않게 됩니다. 따라서 여러분이 마음을 닦으려는 생각을 조금이라도 갖는다면, '이건 있어야 할 일이야, 이건 있으면 안 될 일이야.'라고 미리 자기식으로 주문하는 버릇부터 멈추어야 합니다. '모든 것은 제대로 있을 자리에 있다.'는 평등한 눈으로 사물을 보기 시작해야 합니다. 그러면 억울하지 않고 심기가 불편하지 않을 것입니다. 그 훈련을 부단히 해나가면 향상의 길에 여러 성과를 얻게 될 것입니다. '내가 매사에 창조주나 된 것처럼 요구하고 주문하고 있구나, 분수 넘게 바라고 있구나.' 하는 것을 깨닫게 될 겁니다.

'무엇이든 내 마음대로 다 할 수 있다.'고 착각하고 살아온 것을 알게 되면, 그동안 얽히고설켰던 딜레마로부터 빠져나올 실마리를 잡게 됩니다. 착각을 인정하는 것이 팔정도의 첫 항목인 바른 견해를 세우는 길입니다. 바른 견해는 바른 눈입니다. 세상을 보는 눈이 삐뚤어져서는 아무리 많은 노력을 기울여도 그 결과는 좋은 방향으로 전개될 수 없습니다. 견해가 뒤죽박죽인 채로 '그것이 내 생각이다, 내 견해다.'라고 집착하면서 세상 문제를 풀어 가려고 하면 닥칠 결과는 뻔합니다.

바른 눈을 가지려면 자기 견해를 먼저 돌아보는 것으로부터 시작해야 합니다. 내가 세상을 보는 눈이 어떠한지, 내가 사물을 이해하는 태도가 어떠한지, 내가 어떤 환상이나 신화에 빠져서 보는지, 또는 어떤 욕심에 젖어서 보는지 차분하게 되짚어 보는 방식으로 접근해야 합니다.

세상을 보는 자신의 견해가 얼마나 자기중심적으로 굴절되고 찌그러졌는지를 알려면 자기 마음을 찬찬히 살펴보아야 합니다. 심신을 청정하게 하고 호흡을 가다듬어서 살펴보면 마음이 보이기 시작합니다. 그저 진실하게 '있는 그대로'를 마주칠 자세만 다지십시오. 내 마음의 거울에 비친 내 모습이 못났으면 못난 대로, 있는 그대로 지켜보는 훈련을 먼저 하시라 권합니다. 그러나 '내가 공부를 잘해야지.' 하는 상 놀음에 빠져 버리면 그 공부는 허사입니다. 이 점을 유의하십시오.

그리고 자신이 겪는 온갖 현상을 모두 업상業相으로 바라보십시오. 결코 부당하고 억울하게 있는 것이란 없습니다. 또한 세상만사를 제행무상으로 보십시오. 이 세상에는 끊임없이 변하는 무상이 있을 뿐이지, 문제란 없습니다. 그런데 그걸 고정시키려고 하니까 문제가 생기는 겁니다. 모든 것이 항상하지 않고 변한다는 사실은 세상과 존재의 법칙이고 이 사바세계의 본질입니다.

여러분, 성주괴공成住壞空의 법칙을 알고 계시지요? 생성되고 지속되다가는 붕괴해서 공으로 돌아가는 사이클이 반복됩니다. 사람도 태어나서는 성장하고, 전성기를 누리다가 노쇠해서 죽고, 다시 다음 생이 시작됩니다. 성주괴공으로 모든 사물과 현상을 보면 겸허한 자세로 인생을 대할 수 있습니다. 이렇게 보는 것이 바른 견해입니다.

걱정 대신 바른 견해 하나만 붙잡으라!

누구나 문제가 생기면 '이걸 어떻게 해결하지?' 하고 고민합니다. 하지만 해결의 대상으로 사태를 보면 해결할 길을 찾는 일이 용이하지 않습니다. 해결사적 자세로 보면 문제가 해결되지 않는다는 말입니다. 이

럴 때 우리는 어떻게 해야 할 것인가? 먼저 사태를 직시해야 합니다. 사태를 직시하려면 부처님이 가르쳐주신 대로 '반드시 원인이 있어서 이런 결과가 나왔을 것이다, 그 원인이 무엇인가?' 이렇게 원인을 찾아서 파고 들어가야 한다고 앞에서도 누누이 말했지요.

더욱이 오늘날처럼 문제들이 복합적이고 중첩적으로 꼬여있는 상황을 직시하기 위해서는 일반상식을 넘어서야 합니다. 상황은 대단히 복합적인데 안이한 태도로 당면 문제를 해결하려고 접근해서는 안 될 것입니다. 그 대신 아랫배에 힘을 주고, '상식이 무너지고 깨어지는 고통을 겪더라도 문제의 바닥을 한번 두드려봐야겠다.'는 각오가 있어야 합니다. 사실 어떤 사태도 모두 부처님 손바닥 위에서 벌어지는 일 아닙니까?

도대체 왜 걱정을 합니까? 걱정일랑 그만두십시오.

걱정은 놓아 버리고 '있는 그대로'를 받아들이도록 하십시오. 인생은 고해니까 문제의 연속일 수밖에 없습니다. 하지만 언젠가는 해탈·열반해야 하는 것이고, 걱정은 향상에 도움이 되지 않으니 걱정하는 사람처럼 바보가 없습니다. 인생이 걱정하라고 있는 것이 아닙니다. 다만 파도를 헤쳐나갈 인생이 있는 것뿐입니다. 걱정하는 인생을 살면 걱정거리를 접할 때마다 가슴부터 철렁하고 소심해지고 힘이 빠지지요. 그래서 걱정을 하면 용기를 잃고 중간에 익사합니다. 걱정하면 생각이 산만해지고 분산되고 무질서해집니다. 두서없이 이것저것 막연하게 분위기로만 생각하면 그야말로 걱정만 될 뿐입니다. 질서 있게 문제를 생각하고 있으면, 걱정이 아니라 숙고가 되고 연구가 되고 궁리가 나옵니다.

우리가 진정 부처님 가르침을 따른다면 걱정거리 같

은 건 없습니다. 무엇이 걱정입니까? 전생에 공부를 적게 했으면 금생에 많이 하면 될 것 아닙니까. 걱정 같은 건 하지 말고 바른 견해 하나 딱 붙잡고 나아가십시오.

또 여러분이 종교 문제를 대할 때도 맹목적 믿음의 열풍에 희생되어서는 안 됩니다. 오늘날 인류는 신앙의 단계를 넘어서면서 종교 시대를 졸업해 가고 있지요. 《법구경》에 이런 말씀이 있습니다. '남들이 다 잘 때 나는 깨어있고, 남들이 들떠 있을 때 나는 고요하고, 남들이 미혹에 차 있을 때 나는 앞을 바라보는 지혜의 눈을 감지 않는다.'[9] 그렇게 하는 사람이 불자입

---

9 *Appamatto pamattesu*
  suttesu bahujāgaro
  abalassaṃ'va sīghasso
  hitvā yāti sumedhaso
  《법구경》 게송 29

니다. 여러분은 마음을 챙기는 데 노력해서, 종교의 돌림병에 빠지지 마십시오. 대신 조만간에 다가올 갠 날을 위하여 대비책을 세우십시오. 그 대비책은 바로 바른 견해를 가지고 바른 마음챙김을 하는 것입니다. 그러면 여러분 인생도 훨씬 더 평화롭고 보람찬 향상을 기대할 수 있습니다.

바른 견해를 가지면 나 자신이 밝아지는 것은 물론 어둠에 눈이 가려진 이웃들의 의지처도 되어 줄 수 있습니다. 부처님 당대 사람들이 '부처님은 어두운 길에 횃불을 든 것과 같다.'고 했습니다. 우리도 부처님 지혜를 빌려 어둠 속을 헤매고 있는 이웃들을 위해 횃불을 밝힐 준비를 해야 하지 않겠습니까? 그러려면 내가 먼저 미혹되지 않아야겠습니다. 그래야 등불을 밝혀 이웃들이 미혹되지 않고 바른길로 갈 수 있도록 도와줄 수 있지요. 이것이 바른 견해를 통해 이 시대에 기여할 수 있는 길입니다.

불교 공부를 한다는 것은 힘들더라도 내 문제를 내 눈으로 보고, 내 머리로 해결하려는 창조적 노력을 해야 한다는 뜻입니다. 문제의 해결도 바른 견해에서 실마리를 찾을 수 있습니다. 우리의 삶은 결국 바른 견해를 갖고 있느냐, 아니냐에 따라 전적으로 달라집니다. 〈고요한소리〉 책을 읽을 때마다 바른 견해를 찾는 자세로 읽으십시오. 공부를 막 시작한 처지에 선정禪定이 되니 안 되니 하거나, 가당치 않게 무념무상無念無想이니 하는 황홀한 이야기 같은 건 다 미루어 두십시오. 조용히 마음을 가다듬어 자신의 견해가 바른지부터 살펴보십시오.

서두르지 마십시오. 서두름 또한 들뜸입니다. 들뜸

은 행입니다. 행行이 있으면 식識만 무성하고, 식이 있으면 명색名色만 무성합니다. 명색이 자꾸 육처六處를 노크하면 우리는 계속 촉觸, 수受, 애愛, 취取의 윤회만 거듭하게 됩니다. 들뜨고 서두르는 한, 바른 견해는 없습니다. 바른 견해가 자리 잡을 여지가 없습니다.

서두르는 마음을 가라앉히려면 어묵동정語默動靜, 행주좌와行住坐臥를 지켜보면서 거기에서 바른 견해를 싹 틔워야 합니다. 공부를 해나가는 길에 서두르지 말고, 천릿길도 한 걸음부터라는 자세로 접근하십시오. 공부에는 샛길이 없습니다. 부단히 바른 견해, 정견을 찾도록 노력하십시오. 공부의 첫걸음이자 마지막 걸음인 바른 견해를 확고하게 붙잡으십시오! 금생에 반드시 바른 견해, 정견 하나를 확실하게 붙잡으십시오! ✳

━━━ 말한이 **활성** 스님

1938년 출생. 1975년 통도사 경봉 스님 문하에 출가.
통도사 극락암 아란야, 해인사, 봉암사, 태백산 동암, 축서사 등지에서
수행정진. 현재 지리산 토굴에서 정진 중. 〈고요한소리〉 회주

━━━ 엮은이 **김용호** 박사

1957년 출생. 전 성공회대학교 문화대학원 교수 (문화비평, 문화철학).
〈고요한소리〉 이사

────── 〈고요한소리〉는

◦ 붓다의 불교, 붓다 당신의 불교를 발굴, 궁구, 실천, 선양하는 것을
  목적으로 설립되었습니다.

◦ 〈고요한소리〉 회주 활성스님의 법문을 '소리' 문고로 엮어 발행하
  고 있습니다.

◦ 1987년 창립 이래 스리랑카의 불자출판협회BPS에서 간행한 훌륭
  한 불서 및 논문들을 국내에 번역 소개하고 있습니다.

◦ 이 작은 책자는 근본불교를 중심으로 불교철학·심리학·수행법 등
  실생활과 연관된 다양한 분야의 문제를 다루는 연간물連刊物입니
  다. 이 책들은 실천불교의 진수로서, 불법을 가깝게 하려는 분이나
  좀 더깊이 수행해보고자 하는 분에게 많은 도움이 될 것입니다.

◦ 이 책의 출판 비용은 뜻을 같이하는 회원들이 보내주시는 회비로
  충당되며, 판매 비용은 전액 빠알리 경전의 역경과 그 준비 사업을
  위한 기금으로 적립됩니다. 출판 비용과 기금 조성에 도움주신 회
  원님들께 감사드리며 〈고요한소리〉 모임에 새로이 동참하실 회원을
  기다리고 있습니다.

◦ 〈고요한소리〉 책은 고요한소리 유튜브(https://www.youtube.com/
  c/고요한소리)와 리디북스RIDIBOOKS를 통해 들으실 수 있습니다.

◦ 〈고요한소리〉 회원으로 가입하시려면, 이름, 전화번호, 우편물 받을
  주소, e-mail 주소를 〈고요한소리〉 서울 사무실에 알려주십시오.
  (전화: 02-739-6328, 02-725-3408)

◦ 회원에게는 〈고요한소리〉에서 출간하는 도서를 보내드리고, 법회나
  모임·행사 등 활동 소식을 전해드립니다.

◦ 회비, 후원금, 책값 등을 보내실 계좌는 아래와 같습니다.

국민은행	006-01-0689-346
우리은행	004-007718-01-001
농협	032-01-175056
우체국	010579-01-002831
예금주	**(사)고요한소리**

—— 마음을 맑게 하는 〈고요한소리〉 도서

법륜 시리즈

보리수잎 시리즈

붓다의 고귀한 길 따라 시리즈

단행본

소리 · 열아홉

바른 견해란 무엇인가

– 정견正見 –

초판 1쇄 발행 2019년 9월 30일
초판 2쇄 발행 2022년 4월 8일

말한이　　활성
엮은이　　김용호
펴낸이　　하주락·변영섭
펴낸곳　　(사)고요한소리
제작　　　도서출판 씨아이알 02-2275-8603

등록번호　제1-879호 1989. 2. 18.
주소　　　서울시 종로구 인사동길 47-5 (우 03145)
연락처　　전화 02-739-6328　팩스 02-723-9804
　　　　　부산지부 051-513-6650　대구지부 053-755-6035
　　　　　대전지부 042-488-1689
홈페이지　www.calmvoice.org
이메일　　calmvs@hanmail.net
ISBN　　 978-89-85186-00-1 02220

　　　　　값 1,000원